让孩子看懂世界的哲学书

像哲学家一样思考

《让孩子看懂世界》编写组　编著

石油工业出版社

前 言
PREFACE

哲学是什么？哲学到底探讨了什么？什么样的人可称为哲学家？哲学对人类到底有什么用？

这些问题或许困扰了很多人。

从本质来说，哲学和其他很多学科一样，是我们探索世界、思考世界、分析世界的一种方式。就像读懂了艺术，我们才能够欣赏巴洛克、洛可可的美之精髓；就像读懂了音乐，我们才能够明白贝多芬、巴赫的旋律之精妙；就像读懂了天文学，我们才能够通过观察天象，去想象一个更为广阔的宇宙……

哲学，会让我们对世间万物多一些更加美好和深刻的探究。

目 录
CONTENTS

第一章
智者的思辨花园

鸡生蛋还是蛋生鸡 / 02

一切皆流，无物常驻 / 06

每件事物都是独特的 / 10

从量变到质变 / 12

维特根斯坦的镜子 / 14

上帝举不起的石头 / 16

康德的梦 / 18

"乌鸦都是黑的" / 20

泰勒斯的一滴水 / 22

第二章
有趣的东方哲学

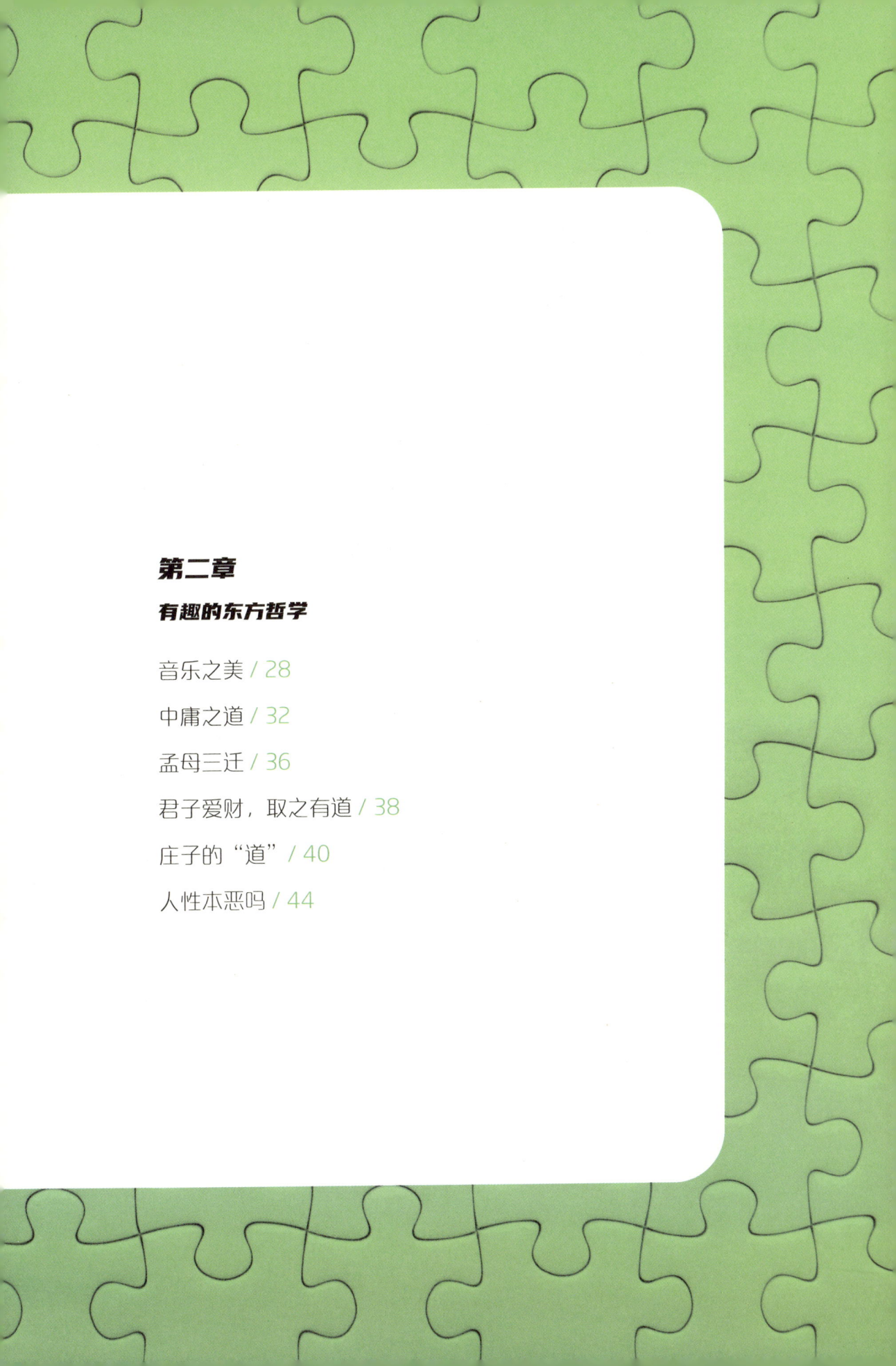

音乐之美 / 28

中庸之道 / 32

孟母三迁 / 36

君子爱财,取之有道 / 38

庄子的"道" / 40

人性本恶吗 / 44

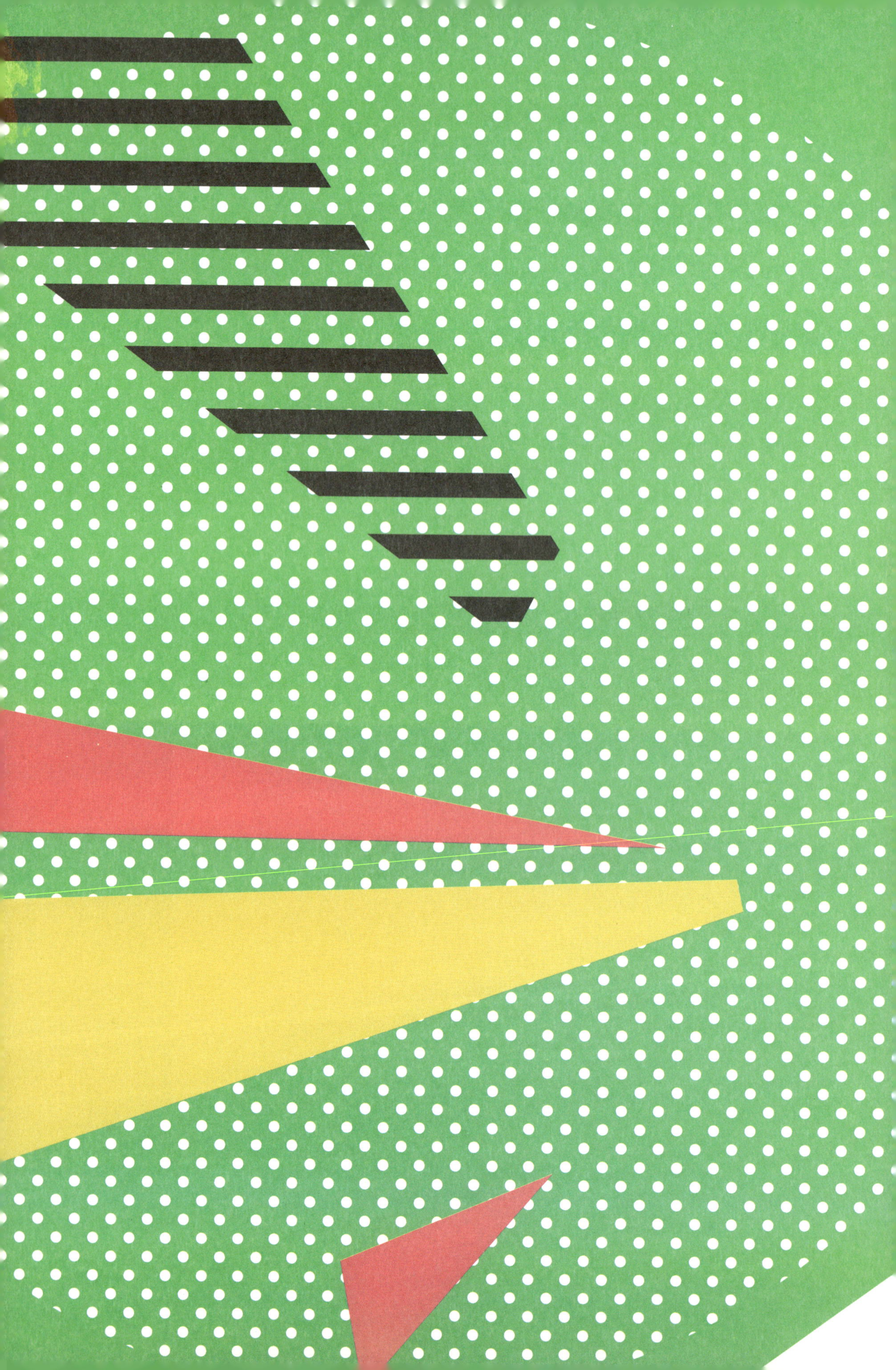

第一章
智者的思辨花园

鸡生蛋还是蛋生鸡

> 潜能的实现是结果。
>
> ——【古希腊】亚里士多德

鸡生蛋还是蛋生鸡,这是一个哲学问题。

你也许会感到可笑:这是日常生活中常见的争论,怎么会是一个哲学问题呢?实际上,关于先有鸡还是先有蛋问题的争论,在哲学和科学等许多领域都已经持续了千百年。而不同的人给出的答案也是五花八门。

据报道,对于"鸡生蛋还是蛋生鸡"这个问题,英国谢菲尔德大学和沃里克

大学的科学家给出了一个确切答案："先有鸡。"一组研究人员发现鸡蛋壳的形成需要依赖于一种称为 OC-17 的蛋白质,而这种蛋白质只能在母鸡的卵巢中产生。研究人员因此得出结论,只有先有了鸡,才会有第一颗蛋的产生。

谢菲尔德大学工程材料系的弗里曼博士说:"之前人们怀疑是先有的蛋,但是现在科学证据显示,实际上是先有的鸡。这种蛋白质已经被确认,它与蛋的形成密不可分,并且我们已经了解到其是如何控制这一进程的。这相当有趣,不同类型的鸟类似乎用这种蛋白质在做着同样的工作。"

在过去对先有鸡还是先有蛋这个问题的争论中，科学家们一般都倾向于认为先有蛋。2008年，加拿大古生物学者泽勒尼茨基称，通过对7700万年前恐龙蛋化石的研究，明确的谜题答案浮出水面：恐龙首先建造了类似鸟窝的巢穴，产下了类似鸟蛋的蛋，然后恐龙再进化成鸟类。因此很明确，蛋在鸡之前就存在了。鸡是由这些产下了类似鸡蛋的恐龙进化而成。

有些哲学家也认为先有蛋，英国伦敦国王学院的哲学家帕皮诺甚至从哲学的角度证明了先有蛋。他说："种瓜得瓜，种豆得豆。说是袋鼠下的蛋，结果孵出的是鸵鸟，那么这枚蛋一定是鸵鸟产的，而不是袋鼠产的。"同理，第一只鸡不可能是从其他动物所生的蛋中孵出来的，只可能先有鸡蛋才有鸡。

虽然这个问题是谁先提出来的已经不可考，但在哲学史上却有不少大家涉足其中，争论不休。在这里就讲讲希腊哲学史上两位哲学家的观点吧！一位哲学家是柏拉图，他的哲学核心是"理念（idea）"，他认为世界由两部分组

成，即所谓"二元论"，一部分是我们所看到的事物，另一部分是我们的理性。他还进一步说明了我们的眼睛不太可靠，我们所看到的事物和事物在我们理性中的模型不完全符合，他把这个模型称为"理念"。在他看来，"理念"先于事物在我们的头脑里存在：在我们看到马时为什么能认出这是马？是因为马的"理念"在我们的头脑里存在。然后我们回到先有鸡还是先有蛋这个问题上来，按照他的哲学理论，当我们还未见到鸡却知道鸡会生蛋时，我们就会理所当然说是先有鸡然后才有鸡蛋，因为我们头脑里知道这事实并且我们相信自己的理性。

然而，另一位希腊哲学家——亚里士多德，他是柏拉图的学生，他尽管崇拜自己的老师，但并不盲从，提出了自己的、与老师截然相反的哲学观点。他认为我们的世界也是由两部分组成的，即事物与理性，但是我们应该相信自己的感官，也就是说我们所看到的就是客观的，它们不会随我们的意志而转移。在明白了柏拉图的哲学论时再来理解亚里士多德的哲学论，我们就会得出与前面相反的结论：先有蛋，后有鸡。同时，亚里士多德还认为，蛋是潜能，鸡是结果。潜能先于结果，因而蛋先于鸡。

你也许会对上面的争论感到可笑，因为大家到最后还是没有说明白到底是先有鸡还是先有蛋。其实，哲学本来就是没有标准答案的，但我们可以从上面的争论中得到关于思维方式的启发。先有鸡还是先有蛋，也许永远都没有令所有人信服的答案，因为它本身就是一个循环论证的过程，所以其中的哲学思维方式颇为闪光和有趣。

一切皆流，无物常驻

> 一切皆流，无物常驻。
>
> ——【古希腊】赫拉克利特

世界是变动的，我们每天都面临一个崭新的世界。太阳每天都会升起，但今天的太阳还是昨天的太阳吗？

哲学努力地为人的存在寻求一种超越我们本身的确定感，然而变化是每个哲学家都无法回避的话题。

古希腊哲学家赫拉克利特非常强调变化的观点，他有一句非常有名的话："人不能两次踏入同一条河流。"他的意思是，世界是永恒变化着的，运动是绝对的，即"一切皆流，无物常驻"。

他说："除了变化，我别无所见。不要让你们自己受骗！如果你们相信在生成和消逝之海上看到了某块坚固的陆地，那么也只是因为你的目光太仓促，而不是事物的本质。你们使用事物的名称，仿佛它们永远持续地存在，然而，甚至你们第二次踏进的河流也不是第一

赫拉克利特

赫拉克利特，是一位具有传奇色彩的哲学家，具有朴素辩证法思想，他认为万物都在变化。

克拉底鲁

克拉底鲁，古希腊哲学家，是诡辩派的代表人物。诡辩论的逻辑推理和论证总有一种似是而非的感觉，乍看上去有些道理，实际上却又违背逻辑规律。

次踏进的那一条河流了。"

但是后来，赫拉克利特的一个学生克拉底鲁把他的观点绝对化、教条化，提出了一个极端观点："人一次也不能踏入同一条河流。"认为当我们踏入"这条"河流的时候，它已经不是刚才我们看到的"那条"了。而如果按照这个逻辑的话，世界上就不会有确定性质的事物了，整个世界将成为混沌一团。我们既不能认识事物，也不能解说一个事物是什么。因为，当我们还没有说完"这是一张饼"时，饼已经变成其他东西了；当我们把饼吃到肚子里的时候，它又变成了另外的东西。因此，克拉底鲁主张用动手代替说话，因为一开口就过时了。这显然是荒谬的。

赫拉克利特说"人不能两次踏入同

一条河流"是强调运动具有绝对性，一切都存在，同时又不存在，因为一切都在流动，都在不断地变化，不断地产生和消灭。而克拉底鲁说"人一次也不能踏入同一条河流"，就割裂了运动和静止之间的关系。物质世界处于永恒的运动之中，但绝对运动的物质有相对静止的一面。如果连相对静止都否认了，那么这个世界就没有什么是可以认识的了。

关于克拉底鲁的错误还有一个小故事讲得更直白。

有一个人外出忘了带钱，便向邻居借。过了一段时间，这个人不还钱，邻居便向他讨债。这个人狡辩说："一切皆变，一切皆流，现在的我，已不是当初借钱的我。"邻居发了脾气，一怒之下就挥手打了他，赖账人要去告状，这位邻居对他说："你去吧，一切皆变，一切皆流，现在的我，已不是当初打你的我了。"赖账人无言以对，只好干瞪眼。

赫拉克利特强调运动与变化，并没有否定静止。在他的思想中，运动是绝对的，静止是相对的。赫拉克利特认为世界的本原是火，这是万物的本性；但是火的形态是不停变化的，表现着不同的形式。这就告诉我们既要看到事物静止的一面，也要看到事物运动的一面。恩格斯高度评价了他的这个思想——"这个原始的、素朴的但实质上正确的世界观"。

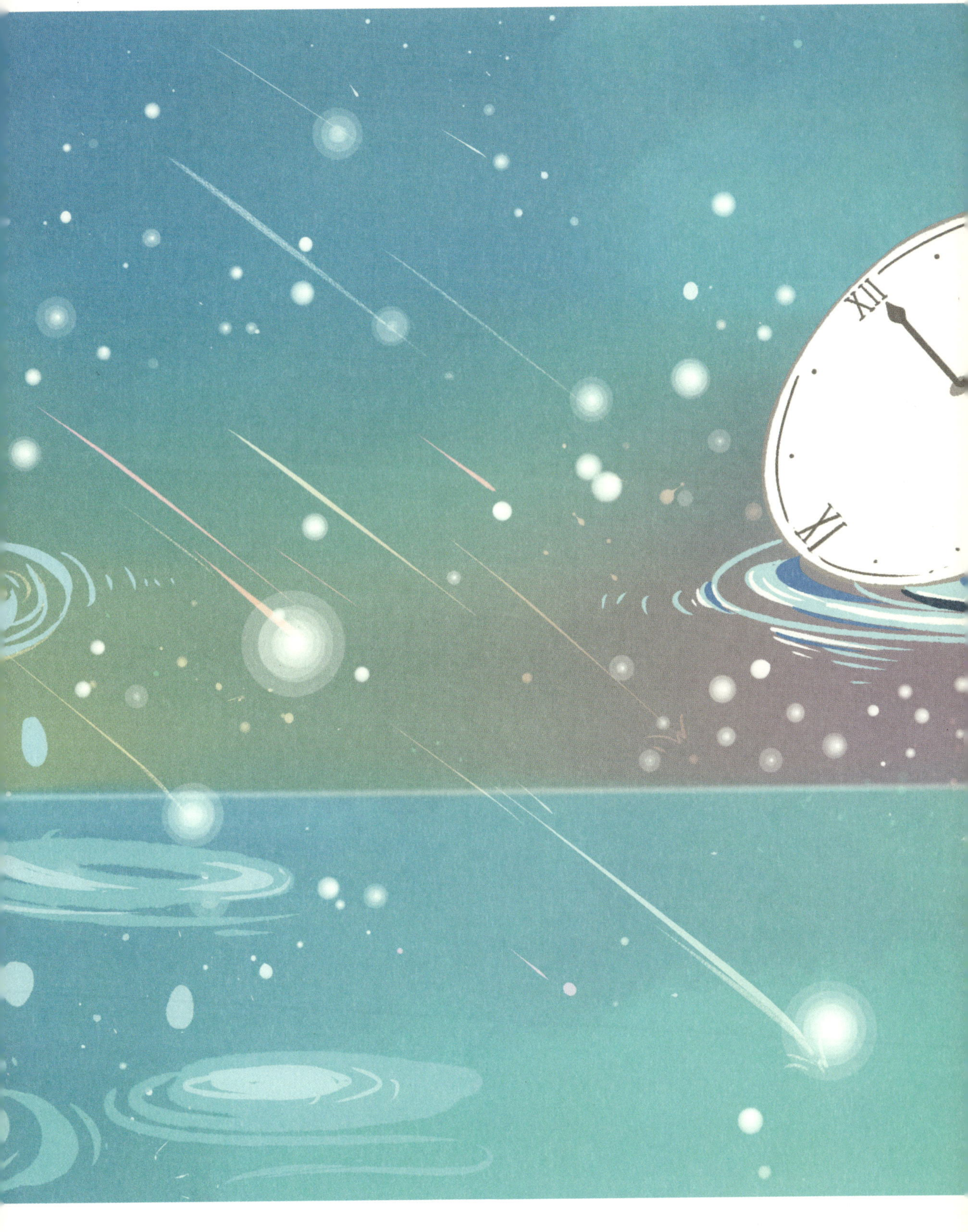

每件事物都是独特的

> 天地间没有两个彼此完全相同的东西。
> ——【德】莱布尼茨

莱布尼茨

莱布尼茨,德国哲学家和数学家,被誉为"17世纪的亚里士多德"。他和牛顿先后独立发现了微积分,对二进制也有贡献。他与笛卡儿、巴鲁赫·斯宾诺莎被认为是17世纪三位最伟大的理性主义哲学家。

赫拉克利特强调万物皆变,而近代德国哲学家莱布尼茨则强调万物皆异。

在他看来,天地间每件事物都是独特的,没有两个彼此完全相同的东西,因而对事物要区别对待。

莱布尼茨可以说是一位举世罕见的天才,出生于德国的他几乎研究了当时人类所了解的一切领域,包括力学、逻辑学、化学、地理学、解剖学、动物学、植物学、气体学、航海学、地质学、语言学、法学、哲学、历史、外交,等等。

他甚至还尝试创造一些自己的小发明,而他最重要的成就可能就是先于牛顿发现了微积分,为近代数学带来了革命性的变化。他还是最早研究中国文化和中国哲学的德国人,对丰富人类的科学知识宝库做出了不可磨灭的贡献。

莱布尼茨被称为自然科学家、数学

家、物理学家、历史学家和哲学家，正是因为他涉猎广泛，所以他的哲学显得卓尔不群。

莱布尼茨的博学使他名噪一时，当时的德国贵族都非常希望结交这样一位学术之星。据说，莱布尼茨曾经当过"宫廷顾问"。

有一次，皇帝让他解释一下哲学问题，莱布尼茨对皇帝说，任何事物都有共性。皇帝不信，叫宫女们去御花园找来一堆树叶，莱布尼茨果然从这些树叶中找到了它们的共同点，皇帝很佩服。这时，莱布尼茨又说："凡物莫不相异……天地间没有两个彼此完全相同的东西。"

宫女们听了这番话后，再次纷纷走入御花园去寻找两片完全没有区别的树叶，想以此推翻这位哲学家的论断。结果大失所望，因为粗粗看来，树上的叶子好像都一样，但仔细一比较，却是形态各异，都有其特殊性。宫女们累弯了腰，也没能找到两片大小、颜色、厚薄、形态等完全相同的树叶。

这个故事揭示了哲学关于世界统一性和多样性关系的原理。这一原理告诉我们，统一的物质世界以多种多样的形式存在和发展。组成物质世界的丰富多彩的不同个体各有其特殊性，但事物与事物之间又有着普遍的联系，存在着许多共性。世界的统一性和多样性是有机的统一，不可割裂。这要求我们做事情的时候要从实际出发，具体情况具体分析，不要盲目跟从。

从量变到质变

> 量变积累到一定程度就会引起质变。
>
> ——【德】马克思

欧氏几何的创始人欧几里得是苏格拉底最早的学生之一,后来创建了麦加拉学派。据说,他有很多有名的论辩,其中最著名的是"谷堆辩"和"秃头辩",后来被许多哲学家如列宁、黑格尔引用。

"谷堆辩"是说:一颗谷粒不能形成谷堆,再加上一颗也不能形成谷堆,如果每次都加一颗谷粒,而每增加的一颗又都不能形成谷堆,所以,不管加多少谷粒都不会形成谷堆!

"秃头辩"是说:掉一根头发不能成为秃顶,再掉一根也不能成为秃顶,那么如果每次都掉一根,而掉的每根头发又都不能形成秃顶,所以,不管掉多

少头发都不能称为秃头!

欧几里得不懂得量变和质变的关系,所以才会提出上面的论证。按照辩证法,任何事物都具有一定的质和一定的量,是质和量的统一体。质是一个事物区别于其他事物的内在规定性。世界上的事物之所以千差万别,就是因为每个事物各自具有独特的质。量是事物存在和发展的规模、速度、程度以及构成事物的各部分在空间上的排列组合等可以用数量关系表示的规定性。同一类事物之所以不尽相同,就是因为它们在量上不同。量变到一定程度便会引起质变,下面这则阿拉伯故事就体现了这个道理。

一个主人有一头老骆驼,它一天到晚任劳任怨地干活,有一次,主人想看看这头老骆驼到底还能拉多少货物,于是不断地加、不断地加货物,但老骆驼还是没有倒下,最后主人想是不是已经到了极限呢,于是轻轻地投了一根稻草在它背上,没想到就是这一根稻草使老骆驼轰然倒下。

事物的运动、变化和发展呈现为量变和质变两种状态。世界上任何变化,都是从量变开始的,当量变积累到一定程度,就会引起质变。换句话说,量变是质变的准备,质变是量变的结果。所以,一粒谷子不会形成谷堆,但谷粒积累到一定数量,就成为谷堆;掉一根头发不会变成秃顶,然而头发掉到一定程度,就成了秃顶;最后一根稻草便能压死一头骆驼。

维特根斯坦的镜子

> 逻辑是世界的一面镜子。
>
> ——【奥地利】维特根斯坦

差劲的小说家只会讲故事，但优秀的小说家却能将故事展现给我们看。小说如人生，只有当情感展现出来，才能更好地发挥它的威力，单纯的叙述会使它失去价值。

哲学家维特根斯坦在年轻时便认为，思想家企图寻求的一切真理，无论是理智上的或道德上的，都适用于上述原则。

哲学是反映世界的镜子，不是来清晰地说明世界。维特根斯坦相信，世界和人类思想的本质都无法被言说，而只能加以呈现。20世纪初期，哲学家将哲学问题重新归纳为语言问题，而早在100年前，康德便明白，唯有先理解感觉器官以及以感觉器官作为媒介的思维过程，才有可能理解世界。

维特根斯坦则更进一步，认为既然一切理解均需透过语言，那么研究语言即能掌握世界最精确的样貌。

1920年，也就是《逻辑哲学论》

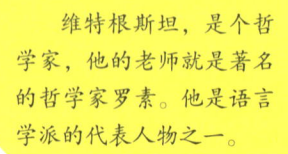

维特根斯坦

维特根斯坦，是个哲学家，他的老师就是著名的哲学家罗素。他是语言学派的代表人物之一。

出版前两年，维特根斯坦归隐到阿尔卑斯山当小学老师，当时他才31岁，不过他认为75页的《逻辑哲学论》已经把哲学问题通通解决了。9年后，维特根斯坦回到剑桥，又重新开始解决这些哲学问题。

在东部前线服役时，维特根斯坦听说有个法庭案件，当庭展示了一条街道的模型，用来说明车祸事件发生的原因。他由此获得灵感，认为语言字词的功能便如同模型里的玩具车和玩偶一般，被组织起来建构一幅现实世界的景象。他接着又主张，一切表述系统，必定是以此类比喻方式为参考加以运作。虽然语言里使用的字词和其所指涉的对象并不

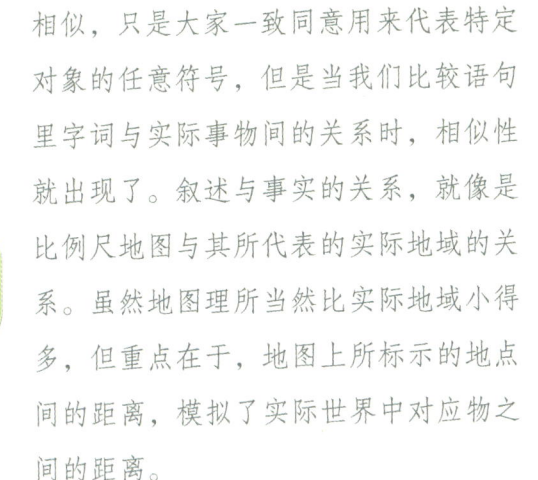

相似，只是大家一致同意用来代表特定对象的任意符号，但是当我们比较语句里字词与实际事物间的关系时，相似性就出现了。叙述与事实的关系，就像是比例尺地图与其所代表的实际地域的关系。虽然地图理所当然比实际地域小得多，但重点在于，地图上所标示的地点间的距离，模拟了实际世界中对应物之间的距离。

维特根斯坦又继续推论，语句的结构或形式必须和世界的现实事物所显露的事实相同，语言才能发挥功能，世界所包含的各类结构必须反映在我们用来谈论它们的语言的结构中。正如复杂的事实可以拆解成更小的部分一样，语言也可以分解成更简单的元素。名词代表世界上的简单事物，而名词在语句中的结合方式，则代表名词所指的对应事物彼此之间的关系。事物间存在着空间关系，而字词间则存在着逻辑关系。当我们说"那只猫在垫子上"时，会知道是"那只"猫在"那张"垫子上，我们理解了这一陈述，就确认了语言与实在间的共同结构。这好比用尺量一量说的话与世界，看看彼此是否相符，如果是的话，说的话便是真的。

真实世界事物彼此间的关系，本身并非额外的独立事物。猫坐在垫子上时，存在的有猫、垫子以及猫和垫子的关系，但并没有第三件称为"猫正坐在垫子上"这样的事物。同样地，语句中字词间的逻辑关系并非额外的字词，而是仅展现于所谈论事物的结构中。了解这点相当重要，因为这意味着语言和其所描述的世界之间的关系，本身无法在语言中加以陈述。世界上有一样东西是图所无法描述的，那就是图本身，它无法借由自我描述来说明自己是幅图。

上帝举不起的石头

> 上帝是全能的，无所不知，无所不能。
>
> ——【法】安瑟伦

如果说哲学是对存在的追问，那么逻辑一定是这种追问的工具。在逻辑中，有一种可以推导出互相矛盾之结论，但表面上又能自圆其说的命题或理论体系——悖论。悖论的成因虽然十分复杂，但它的出现往往是因为人们对某些概念的理解认识不够深刻、正确。

在中世纪的欧洲，人类理性和思辨的火花仅存于教会所办的学校，也就是经院之中。那时的哲学，是以神学的姿态面对世界的。而从哲学试图摆脱神学的那一刻起，对于上帝是否全知全能的争论就从未停止过。全能的创造者可以创造出比他更了不起的事物吗？这是哲

学上著名的悖论之一。

安瑟伦是中世纪著名的经院哲学家,被称为"最后一位教父"和"第一位经院哲学家"。他宣称上帝是全能的,无所不知,无所不能。他不仅认为上帝的存在是超然的和不可辩驳的,而且认为仅仅从"上帝"这个概念就可以推出上帝的必然存在,而且认为上帝是我们凡人无法理解的。

安瑟伦的推断从一开始就遭到了人们的反对。当时,有位法国僧侣高尼罗对他的观点进行了反驳。在《为愚人辩》中,高尼罗问安瑟伦:"上帝能否创造一块他自己举不起的石头?"

这是一个很简单的问题,却也难以回答。因为不论怎么回答,都会陷入困境。如果上帝是万能的,就应该能够创造一块这样的石头。但是,如果上帝创造出一块这样的石头,他举不起这块石头,那他就不是万能的。所以,高罗尼说:"或者上帝能创造一块自己举不起来的石头;或者上帝不能创造一块自己举不起来的石头;总之,上帝不是万能的。"

安瑟伦陷入两难困境,无法回答高尼罗的问题,"上帝万能说"因此被动摇了。

上帝究竟能不能创造出自己举不起的石头呢?

如果说能,那就存在一块"上帝举不起来的石头",说明他不是万能的;如果说不能,那就意味着上帝有不能之事,同样说明他不是万能的。这是用结论来责难前提,是逻辑学领域最广为流传的悖论形式之一。

当然,古往今来,人们都试图在这一问题上给出合乎逻辑的完美回答,其中受到最普遍认可的一个是:既然上帝是全能的,那么"不能举起"理所当然是毫无意义的条件。任何形式的回答都指出这个问题本身就是矛盾的,就像"正方形的圆"一样。这种解答你能够认可吗?

康德的梦

> 愈是接近真理，便愈加发现真理的迷人。
>
> ——【法】拉美特利

哲学以思想为对象，以追求真理为目标。可是，既然每个人都能够思考，那为什么还要研究哲学呢？

有一次，康德做了一个奇怪的梦。在梦中，他独自划船漂到了一个荒芜的岛上，他在海上远远就看见那岛上

有两根高耸入云的石柱，于是想凑近去看个究竟，谁知道刚一靠岸就被岛民给抓住了。没等开口，那些人的首领就告诉康德：如果你说的是真话，就要被拉到真话神柱前处死；如果你说的是假话，就要被拉到假话神柱前处死。康德想了一想，说："我一定会被拉到假话神柱前处死！"

如果康德说的是真话，他应该在真话神柱前被处死，可按照他的话来看，他应该在假话神柱前被处死。反之，如果康德说的是假话，他应该在假话神柱前被处死，可按照他的话来看，他应该在真话神柱前被处死。于是，岛民们傻眼了。他们犹豫了很久，最后不得不把康德给放了。

在康德的梦中，他利用"说谎者悖论"难住了岛民，他对岛民说的话是"真假难定"的。在现实生活中，很多话很难简单地说它是真话还是假话。康德的梦至少说明了人类的理性并不是清晰明确的，在很多时候会陷入自相矛盾的陷阱。据说，康德醒来后受到启发，写出了《纯粹理性批判》中关于"人类理性二律背反"的章节，指出了人类的理性并不可靠的道理。

二律背反是康德提出的一个哲学概念。简单解释起来，二律背反意指对同一个对象或问题所形成的两种理论或学说虽然各自成立却相互矛盾的现象。纯粹理性的二律背反的发现在康德哲学的形成过程中具有重要意义，它使康德的哲学研究深入到对理性的批判，不仅发现了以往形而上学陷入困境的根源，而且找到了解决问题的途径。康德将二律背反看作是源于人类理性追求无条件的东西的自然倾向，是不可避免的，他的解决办法是不把无条件者看作认识的对象而视之为道德信仰的目标。虽然他对二律背反的理解主要是消极的，但他亦揭示了理性的内在矛盾的必然性，从而对黑格尔的辩证法产生了深刻的影响。

"乌鸦都是黑的"

> 所有乌鸦都是黑的?
>
> ——【德】亨普尔

现代科学的经验基础是实验,也就是说实验是检验科学理论的根本性标准。做几十次或者上百次实验,如果都证明一个结论是正确的,就可以初步认为这个结论是科学的,即自然科学是通过有限次数的实验来检验命题真伪的。比如

说，对"乌鸦都是黑的"这个结论，只能找上有确定数量的许多乌鸦来验证，不可能把所有的乌鸦都找来验证。退一步讲，就算可以把所有活着的乌鸦都找来验证，也不可能把死了的和没有出生的乌鸦找来验证。

20世纪50年代，美国哲学家亨普尔提出了著名的"渡鸦悖论"，又叫"乌鸦悖论"，以此来攻击自然科学的检验情况。从逻辑上看，"乌鸦都是黑的"和"所有非黑的东西都非乌鸦"是等同的，就是说验证了一个就验证了另一个，否定了一个就否定了另一个。那么，按照自然科学的检验方式，就出现了下面的论证：

一只鞋是蓝色的，不是黑的，不是乌鸦；

一朵花是红色的，不是黑的，不是乌鸦；

一根烟囱是灰色的，不是黑的，不是乌鸦；

所以，所有非黑的东西都非乌鸦。

由于"乌鸦都是黑的"和"所有非黑的东西都非乌鸦"是相等的，因此乌鸦都是黑的。

实际上，相同的事实也可以证明"乌鸦都是白的"——

一只鞋是蓝色的，不是白的，不是乌鸦；

一朵花是红色的，不是白的，不是乌鸦；

一根烟囱是灰色的，不是白的，不是乌鸦；

所以，所有非白的东西都非乌鸦。

由于"乌鸦都是白的"和"所有非白的东西都非乌鸦"是相等的，因此乌鸦都是白的。

显然，这样的证明是非常荒唐的——一只鞋子的颜色怎么能证明乌鸦都是黑的呢？

实际上，渡鸦悖论并不是真正的悖论，而是自然科学检验方式导致的荒谬情形。渡鸦悖论不过是说：一个普遍性的结论不能仅仅通过一些个别的事实来证实。它说明了自然科学的结论即使在逻辑上也并不像人们想象的那么严谨。

迷信科学算不算迷信呢？渡鸦悖论告诉我们，现存的逻辑概念可能存在着一点瑕疵，在判断句下就会显得手足无措，尤其是定性的那些命题。这是自然科学的噩梦吗？有多少数学结论是通过反证法——命题关系的衍生品，得出结论的？欧几里得及他的几何原本就是建立在这种基础之上的。逻辑学就是有这样的魔力，它迫使每一存在之物都必须思考自己存在的根基。

泰勒斯的一滴水

> 万物的本源是水。
>
> ——【古希腊】泰勒斯

世界是复杂的,因而是难以认识的。人的思维倾向于先认识最简单的事物,再认识由简单事物构成的复杂事物。而世上的一切,不管是金属、山脉、气体还是人类,皆可还原到单一的一种属性。

任何现象在经过还原后都会变得更易掌握,也不再如此神秘,因为比起整个系统来说,组成元素更容易为人所理解。这点在古希腊哲学家泰勒斯那里就已经被提出来了。

泰勒斯被认为是西方第一位哲学家,在公元前 624 年前后出生于古希腊的一个城邦。他是贵族的孩子,本应进入政界或去经商,但他对自然更感兴

趣，对身边各种各样的现象表示好奇。

泰勒斯的好奇心保持了一辈子，他立志，要探寻组成这个世界万事万物的最根本的东西是什么。当时很多人都觉得他疯了：一个年轻人，既不去做生意，也不去找份好工作。这个世界由什么东西组成，这种问题是由神去管的，用得着人类操心吗？

然而泰勒斯就是这样一个人，他认定的事情就要一做到底。他花了很长时间，观察了很多事物，总结出来：万物源于水。

例如，一切生命都离不开水，种子只有在潮湿的地方才能发芽，大陆被海洋包围。另外，泰勒斯还观察到水的形态是易变的，它既可以变为气体，也可以变为固体，正由于其形态的转换，从而形成万物，并渗透于其中。

泰勒斯向埃及人学习观察洪水，很有心得。他仔细阅读了尼罗河每年涨退的记录，还亲自察看水退后的情况。他发现每次洪水退后，不但留下肥沃的淤泥，还在淤泥里留下无数微小的胚芽和幼虫。他把这一现象与埃及人原有的关于神造宇宙的神话结合起来，便得出万物由水生成的结论。对泰勒斯来说，水是世界初始的基本元素。埃及的祭司宣称大地是从海底升上来的，泰勒斯则认为地球就漂在水上。

泰勒斯用水是世界的本原来解释各种现象。泰勒斯认为，水是一切事物组

成的基本材料，物质是压缩过的水，而空气则是蒸发后的水。他也坚称整个地球是浮在一座大湖上的圆盘，大湖产生的波浪和涟漪便是地震之源，而天上下雨则是天河水过多涨涌出来形成的。

泰勒斯的结论虽然现在看起来有些简单和片面，但他开拓了哲学最重要的思维方式之一——还原。而哲学，在很

大意义上可以说就是一种从现象还原到本原的学说。只要对事物研究得足够深刻、剖析得足够详尽、观察得足够仔细，它们都可以还原为一种简单的、可以认识的属性。这正是我们不断认识和分析事物的基本方式。也正因为此，泰勒斯被称为西方哲学史上第一位真正意义上的哲学家。

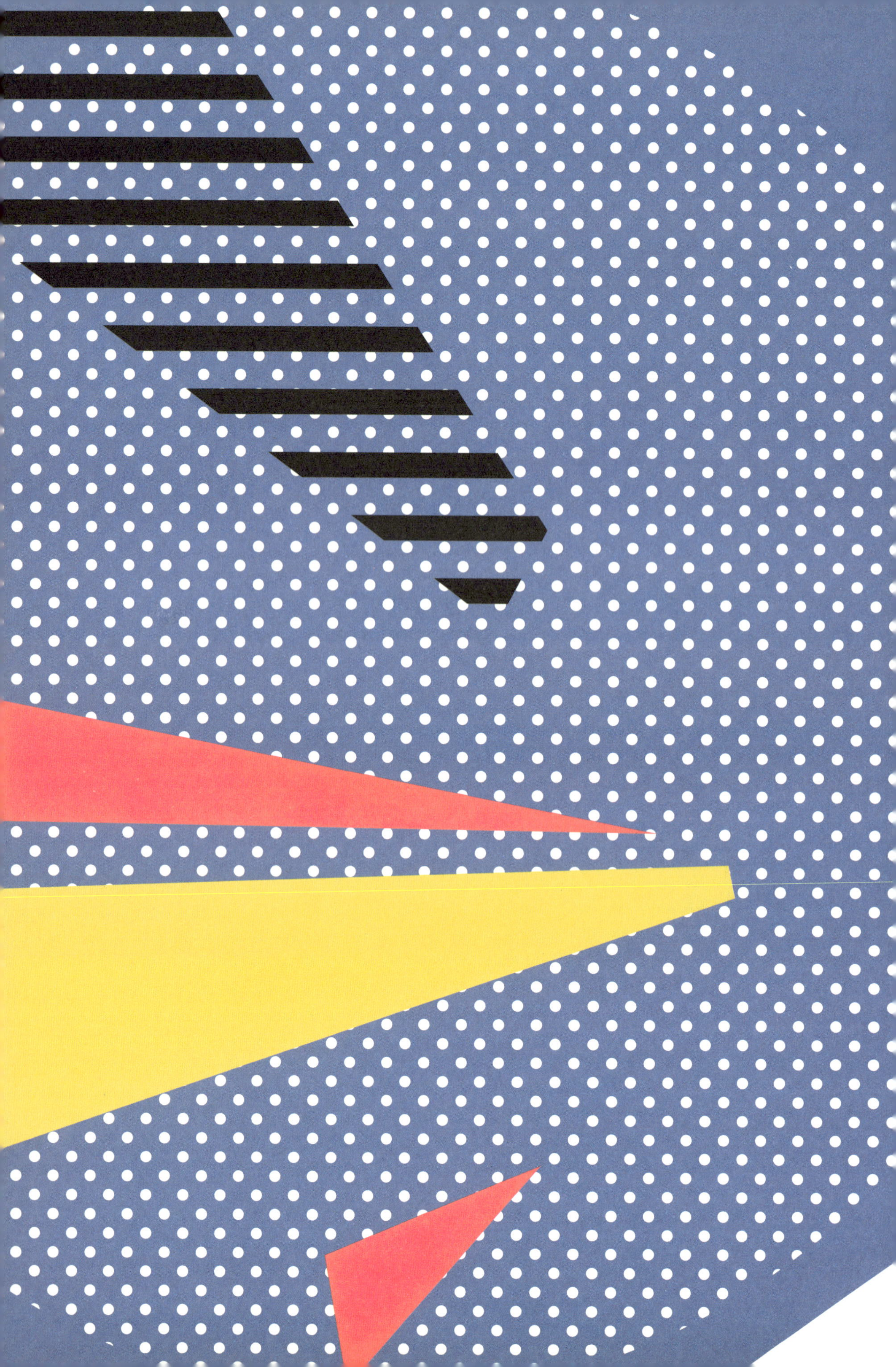

第二章
有趣的东方哲学

音乐之美

> 音乐和旋律,足以引导人们走进灵魂的秘境。
>
> ——【古希腊】苏格拉底

孔子在齐国听到《韶》乐后,沉浸在那美妙的境界中,"三月不知肉味",他说:"想不到音乐之美,竟能到如此境界啊!"《韶》是舜时古乐曲名,有人认为是赞颂舜的功德的曲子。

孔子

孔子,子姓,孔氏,名丘,字仲尼,春秋时期著名的思想家、教育家,孔子周游列国十四年,和弟子之间有许多经典对话,被记录在《论语》中。他是儒家思想的创始人,而儒家思想对中国文化的发展以及整个中华文化圈的思想,同时对世界文明都有显著的贡献和影响。

由此可见音乐之美，艺术之美。

颜徵在，孔子的母亲，元朝时被加封为"启圣王夫人"（孔子的父亲被加封为"启圣王"）。早在孔子还不懂事的时候，颜徵在就买来很多乐器，有时自己为儿子吹弹，有时请人为儿子演奏，有时让儿子自己摆弄。邻里乡人不解其意，颜徵在对人们解释说，孩子现在还不懂事，但日久天长，他就会喜欢这些礼器。做人要讲根基，办事要按规矩，没有规矩不成方圆，礼器最讲礼仪与规矩，没有章法就演奏不出动听的乐曲。所以，用这些礼器能让孩子早一点懂得礼仪、音律等，这对他日后的成长是至关重要的。

在母亲的引导和教育下，孔子对音乐有了浓厚的兴趣。长大后，孔子对音乐的爱好有增无减。他在齐国听《韶》乐，一连三个月，吃饭连肉味都觉不出了。他说："想不到音乐之美，竟能到如此境界啊！"

孔子对音乐有很强的感悟能力。有一次，孔子向鲁国乐官师襄子学琴，一支曲子他一连弹奏了十日也不曾换别的。师襄子建议他换个曲子，孔子说："我已经熟悉这支曲子了，但还没有领悟弹奏它的技术。"过了些时候，师襄子说："你已经掌握了弹奏这支曲子的技术，可以弹别的了。"孔子又说："我还没有领悟它的用意。"又过了一段日子，孔子仍在弹那首曲子，师襄子不耐烦地说："你已经了解它的用意了，可以换一支曲子了。"孔子说："我还没有领悟它所描写的人物形象呢！"又过了一些时候，孔子终于停下不弹了，他默然有所思，看向远处，说："我可能领悟到了，这个人又高又大，皮肤很黑，眼睛向上看，好像要统一四方，这不就是周文王吗？"师襄子听了非常惊讶地说："这支曲子就叫作《文王操》啊！"

从此，孔子对音乐钻研得更深了，他不仅以音乐陶冶情操，还对音乐有了很深的研究，能从音乐中悟出许多深刻的道理。

音乐源自人类的精神，是人类灵魂的语言。

德国伟大的音乐家贝多芬认为：音乐是比一切智慧、一切哲学更高的启示。在中国，古代儒家将音乐对道德的作用夸大了很多，如"乐者，德之华也""审音而知乐，审乐而知政"等。但多听高尚的音乐确实会使人们的情趣高雅起来；多听铿锵雄壮的声音，会使人们的意志坚强起来，情绪高昂起来。

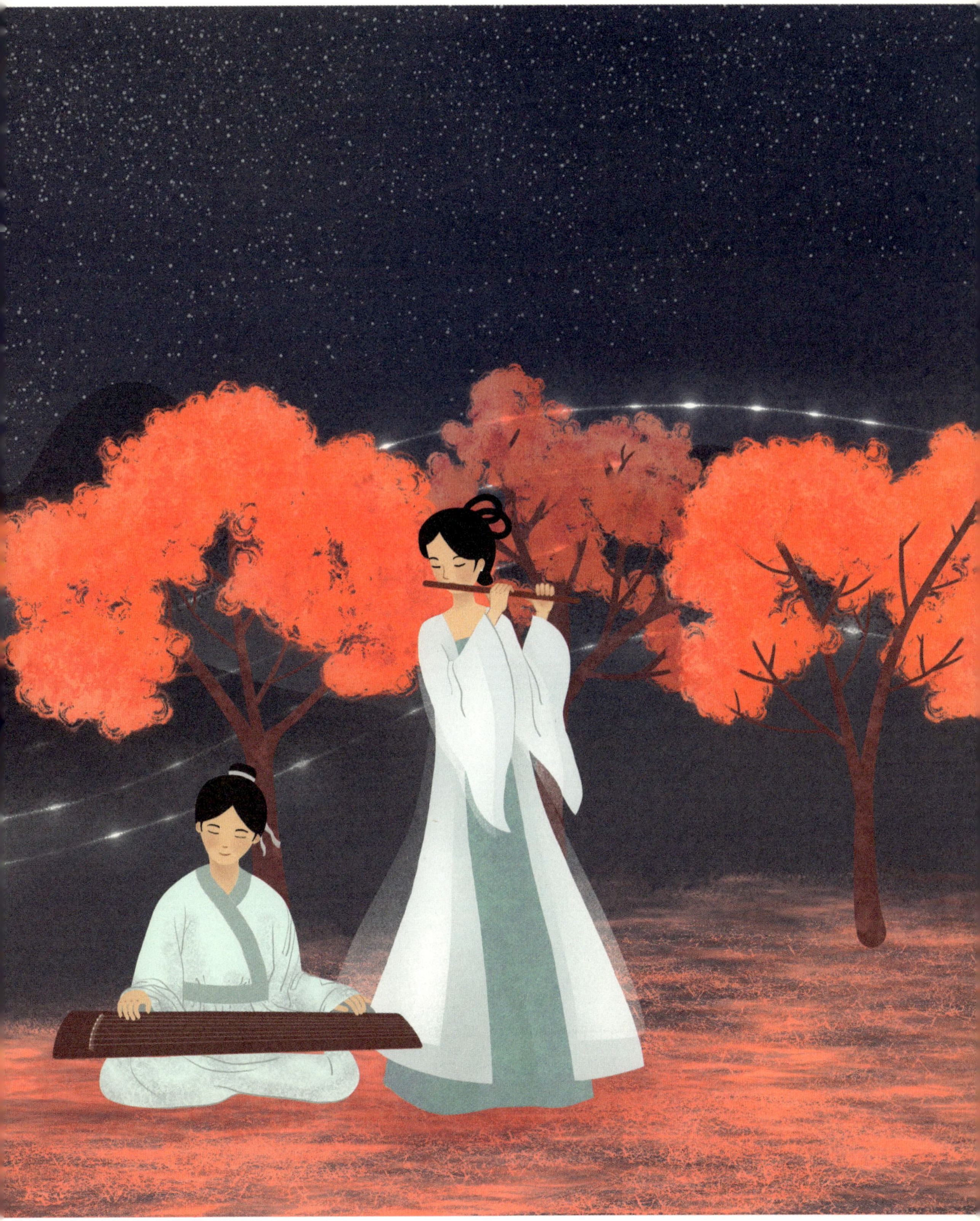

中庸之道

> 在上位，不陵下；在下位，不援上。
>
> ——《中庸》

《论语·宪问》中曾记载着这样一件事。

有一天，孔子向公明贾打听公叔文子的为人。他说：听说公叔文子不说话、不笑、不拿东西，是这样吗？公明贾回答说：这完全是传话人说错了。公明贾解释道："夫子时然后言，人不厌其言；乐然后笑，人不厌其笑；义然后取，人不厌其取。"意思是，公叔文子是该说时才说，所以人们不讨厌他的话；他在应该高兴时才笑，所以人们不讨厌他的笑；他是该拿的才拿，所以人们不讨厌他的取。孔子听了极为赞赏。

公叔文子之所以得到了孔子的赞赏，在于他的言、笑、取，都合乎"中道"。所谓"中道"就是中庸之道，是儒家学派的理念，"中"就是依照礼义的精神去把握一个最恰当、最适宜的标准。孔子提出"中庸"范畴，中庸就是既不超过，也无不及。孟子有"时中"之说，其中

儒家思想

儒家思想的创始人是孔子，发展者是孟子，集大成者是荀子。儒家思想注重品德、伦理纲常、社会秩序、人性发展等，提倡和谐的社会关系，比如，政治上的以民为本，民族融合上的华夷之辨，等等。

的"时"就是符合时宜。同样一件事情，发生的时间点不同，即便采取同样的行动，行动的性质和效果也大相径庭。

司马光在《资治通鉴》中也讲过一个类似的故事。

战国时期，韩国的国君韩昭侯要修建一座高大的门楼。他的谋士屈宜臼奉劝他不要这么做，警告他说："如果你非要修建这座高楼，恐怕你等不到这座高楼建完，你就要死了。为什么呢？因为时机不对。"

屈宜臼说，当年我们国强民富的时候，如果你要修建一座高楼，肯定没有问题；可是今天的情况就不一样了，秦国去年刚刚攻占了我们的宜阳城，今年国内又大旱，我们的百姓元气大伤，你在这个时候偏偏要修建高楼，就大错特错，势必会使百姓离心，将士散德，韩国的败落就不可避免了。

韩昭侯没有听屈宜臼的劝告。结果，屈宜臼的预言应验了，高楼还没有修好，韩昭侯就去世了。

这只是一个小故事，其中蕴含的道理却非常深刻。正如屈宜臼所说："吾所谓时者，非时日也。夫人固有利、不利时。"意思是说，我所说的时间，

不是客观的时间,而是参与到整个事情当中的时间。在合适的时间做一件事情,效果会很好;在不合适的时间做同一件事情,往往会很糟。

如果说"道"是道家学派的核心词汇,那么,"仁"则是儒家学派的关键词。

和"道"一样,"仁"也是无法完全定义的。"道"无法定义,是因为它是超越经验之外的绝对,无法落入到彼此区别的"对待"里。而孔子的"仁",则是存在于我们每个人身边的生活法则。它之所以无法定义,是因为它总是与"时间""时机"粘连在一起,因而没有固定的内涵和外延。正因为此,"仁"是《论语》中出现得最多的一个词,但孔子从来没有对它下过定义。

"仁"并不是一个抽象的原则,更不是一个空洞的概念,它的含义会随具体的情境不断变动,并不只有固定的内涵和僵死的外延。同样的行为,对子路

来说是"仁",对子贡来说可能就不是"仁"了;同样的行为,在这个时候是"仁",在那个时候可能就不是"仁"了。比如,如果撒谎是不诚实的,那么,向敌人撒谎算不算诚实?如果是这样,诚实怎么会有一个完美的"定义"呢?

正是在这个意义上,孔子说:知"仁"难,行"仁"更难,正如走在刀刃上。正所谓"仁者,刃也"。孔子一辈子"述而不作",因为他知道,那些凝固在语言里的东西,很容易变成教条,无法牵引人们进入"时中"的境界。最终,他和苏格拉底一样,选择了随时随地的对话,通过问答的方式启发他的学生去思考。甚至,这种对话也不是记录在纸面上的,而是通俗、生动的生活对话。

孟母三迁

> 近朱者赤，近墨者黑。
>
> ——傅玄

约翰·洛克是英国经验主义的创始人，伟大的教育思想家，《人类理解论》是其最重要的作品之一。在该书中，洛克提出了著名的"白板说"。在他看来，人的心灵犹如一张白板，一切知识和观念都从经验中来。

"我们的全部知识是建立在经验上面的；知识归根到底都是来源于经验的。我们对于外界可感事物的观察，或者对于我们自己感觉到的、反省到的我们的心灵的内部活动的观察，就是供给我们的理智以全部思维材料的东西。这两者乃是知识的源泉，从其中涌出我们所具有的或者能够自然地具有的全部观念。"

由此出发，他在心理学上第一个提出了"联想"的概念，从而为联想主义心理学奠定了基础。洛克说，由感觉和反省得来的观念，最初都是简单观念。而我们心中有很多复杂观念，都是人的

孟子

孟子，姬姓，孟氏，名轲，字子舆，战国时期伟大的思想家、教育家，因为孟子对儒家思想的发展，所以后世将其与孔子并称"孔孟"，孟子也被称为"亚圣"。记录孔子言行思想的有《论语》，记录孟子言行思想的是《孟子》，其中有若干名篇，比如《得道多助，失道寡助》《生于忧患，死于安乐》等。孟子的主张是"仁"。

心灵用自己的力量把简单观念联合起来形成的。因此他很重视联想在儿童教育上的作用。

洛克认为，教育对人的发展具有决定性的作用。正是基于"白板说"的理论，洛克提出了很多关于教育改革的方案，特别注重环境的影响和制约。他希望通过对经验来源的优化来达到优化人的本身的目的。

中国的"孟母三迁"的故事很好地说明了这种观点。

孟子小的时候，父亲早早地死去了，母亲为了守节没有改嫁。一开始，他们住在墓地旁边。孟子就和邻居的小孩一起学着大人跪拜、哭号的样子，玩起举行丧葬仪式的游戏。孟子的母亲看到了，不由得皱起眉头："不行！我不能让我的孩子住在这里了！"于是，孟子的母亲带着孟子搬到市集，到靠近杀猪宰羊的地方去住。到了市集，孟子又和邻居的小孩学起商人做生意和屠宰猪羊的事。孟子的母亲知道了，又皱皱眉头："这个地方也不适合我的孩子居住！"于是，他们又搬家了。这一次，他们搬到了学校附近。每月初一这个时候，官员到文庙行礼跪拜，互相礼貌相待，孟子见了都一一学习记住。孟子的母亲很满意地点着头说："这才是我儿子应该住的地方呀！"后来，大家就用"孟母三迁"来表示人应该接近好的人、事、物，这样才能学习到好的习惯，也说明环境能改变一个人的爱好和习惯。

"孟母三迁"的故事影响着世代中国人，也从侧面印证了洛克的"白板说"。中国有句古语："三岁看大，七岁看老。"洛克说："家庭教育决定孩子一生的命运。"

一个人在少年时代所受的环境影响和家庭教育，最终会决定其成年后的行为取向或处世态度。人可以影响这个世界，这个世界也可以塑造人。

孟母三迁

君子爱财，取之有道

> 你活着的每一天，都应该努力地去追求财富。只要你创造的财富是正大光明的，你就会得到所有人的尊敬与赞扬。
>
> ——【美】比尔·盖茨

孔子对财富有自己的看法："富与贵，是人之所欲也；不以其道得之，不处也。贫与贱，是人之所恶也；不以其道得之，不去也。君子去仁，恶乎成名？君子无终食之间违仁，造次必于是，颠沛必于是。"

这段话的意思是说，发财、做官是人人都想得到的，不用正当的方法得到的，不要接受；贫穷和地位低贱是人人厌恶的，不用正当方法摆脱的，就不要摆脱。君子扔掉了仁爱之心，怎么能成就君子的名声？君子时时刻刻都不离开仁道，紧急时不离开，颠沛时也不离开。其中也蕴含了君子只取正义之财的道理。君子爱财，取之有道，这是一个正人君子所应秉持的金钱观。

战国时期，孟子的名气很大，府上每日宾客盈门，其中大多是慕名而来求学问道之人。有一天，接连来了两位神秘人物，一位是齐国的使者，一位是薛国的使者。对他们，孟子自然不敢怠慢，小心周到地接待他们。

齐国的使者给孟子带来100两金子，说是齐王的一点小意思。孟子见其没有下文，坚决婉拒了齐王的馈赠。使者灰溜溜地走了。

过了一会儿，薛国的使者也来求见。他给孟子带来50两金子，说是薛王的一点心意，感谢孟子在薛国发生兵难时帮了大忙。孟子吩咐手下人把金子收下，左右的人都感到很奇怪。

其中有一位弟子问孟子："齐王送您那么多的金子，您不肯收；薛国才送了齐国的一半，您却接受了。如果您刚才不接受是对的话，那么现在接受就是错了；如果您刚才不接受是错的话，那么现在接受就是对了。"

孟子回答说："都对。在薛国的时候，我帮了他们的忙，为他们出谋设防，平息了一场战争，我也算个有功之人，为什么不应该受到物质奖励呢？而齐国人平白无故给我那么多金子，是有心收买我，君子是不可以用金钱收买的，我怎么能收他们的贿赂呢？"

左右的人听了，都十分佩服孟子的高明见解和高尚操守。

名利与钱财为世人所钟爱，但是人不能违背自己的良心与道义去拿不属于自己的东西。不义之财就算被你拿到了，将来也会要你付出十倍于它的代价去偿还。

庄子的"道"

> 道可道，非常道。
>
> ——老子

庄子，是道家学说的代表人物之一。道家的创始人是老子，庄子则是道家学说的主要发展人，于是二人被合称为"老庄"，他们的哲学思想也被称为"老庄哲学"。

记录庄子思想的《庄子》一书，以文采斐然的故事和文字带领我们走进了"老庄"的世界。

《庄子·齐物论》中讲述了一个"庄周梦蝶"的故事。

过去庄周梦见自己变成了欣然自得地飞舞着的一只蝴蝶，他感到多么愉快和惬意啊，甚至不知道自己原本是庄周。突然间，他清醒过来，惊惶不定之间方知原来自己是庄周。不知是庄周梦中变成蝴蝶呢，还是蝴蝶梦见自己变成庄周呢？庄周与蝴蝶必定是有区别的。这就叫作物我的交合与变化。

庄子

庄子，庄氏，名周，字子休（一作子沐），战国时期伟大的思想家、哲学家。《庄子》一书是庄子思想的精华，庄子的很多主张意在"自然"，比如"清净无为""天人合一"等。庄子的思辨有种大道至简的感觉。

《庄子·秋水》则记录了一个"知鱼之乐"的故事。

庄周和惠施在濠水岸边散步。庄子随口说道:"河里那些鱼儿游动得从容自在,它们真是快乐啊!"

一旁惠施问道:"你不是鱼,怎么知道鱼的快乐呢?"

庄子回答说:"你不是我,怎么知道我不了解鱼的快乐?"

惠施又说:"我不是你,自然不了解你;但你也不是鱼,一定也是不能了解鱼的快乐的!"

庄子安闲地回答道:"我请求回到谈话的开头,刚才你问我说:'你是怎么知道鱼是快乐的?'既然你问我鱼为什么是快乐的,这就说明你事先已经承认我是知道鱼是快乐的,而现在你问我怎么知道鱼是快乐的。那么我来告诉你,我是在濠水的岸边知道鱼是快乐的。"

《庄子·天道》中还讲过一个"轮扁论书"的寓言。

齐桓公在堂上读书,轮扁在堂下砍削车轮,他放下锥子和凿子走上朝堂,问齐桓公:"冒昧地请问,您所读的书

讲的是些什么呢？"

齐桓公说："是圣人的话语。"

轮扁说："圣人还在世吗？"

齐桓公说："已经死了。"

轮扁说："那么国君所读的书，全是古人的糟粕啊！"

齐桓公大怒，说："寡人读书，制作车轮的人怎么敢妄加评议呢！有什么道理说出来那还可以原谅，没有道理可说那就得处死。"

轮扁说："我用我所从事的工作观察到这个道理。砍削车轮，动作慢了松缓而不坚固，动作快了涩滞而不入木。不慢不快，手上顺利而且应合于心，口里虽然不能言说，却有技巧存在其间。我不能用来使我的儿子明白其中的奥妙，我的儿子也不能从我这里接受这一奥妙的技巧。所以，我活了70岁，如今老了还在砍削车轮。古时候的人跟他们不可言传的道理一块儿死亡了，那么国君所读的书，正是古人的糟粕啊！"

庄子是道家学派的代表人之一，道

家主张"自然",主张人性中的真实和不含杂质,不强求"人为"和"刻意",不拘泥于外在的限制和规矩,顺从天然。这三个故事就很有代表性。

庄周梦蝶的故事中,什么是"我"?什么是"蝴蝶"?到底是我梦蝴蝶?还是蝴蝶梦我?这些疑问其实是对自我和外部世界的一种探讨——什么是真实?什么是虚假?我们该如何去认知这个世界和自身?

知鱼之乐的故事里,也探讨了一种物我相知的境界,强调了万物共通的内在世界其实也是我们自己的投射。"我"快乐,所以,我觉得"鱼"也快乐,或许,不止鱼,花草树木都是快乐的。

轮扁论书的故事,让我们能够直接看出庄子不拘泥于外物的精神追求,书也好,文字也好,这些刻印下来的信息在保留下来的那一刻就出问题了,很难做到与时俱进,而被这些东西束缚的人心,庄子则认为无法妥协。

人的"道"应该顺应天地变化,应该向内追求,而不应该局限于外部世界中而故步自封。

人性本恶吗

> 夫安利者就之，危害者去之，此人之情也。
>
> ——韩非子

在先秦诸子中，荀子是儒家集大成者，但是荀子的性恶论和儒家正统的性善论有冲突，而且荀子的两个弟子李斯和韩非都转变为法家的代表人物。

性恶论是什么呢？

《荀子·性恶》中说：

荀子

荀子，名况，字卿，战国时期著名思想家、政治家。在荀子看来，人天生不是圣人，会有自己的私欲和对利益的追逐，这是天性，也是现实情况，所以，后天的教育环境就显得十分重要。荀子主张社会规范和后天努力。如果说孔孟之道更具有理想色彩的话，那么荀子的思想就具有更多的现实色彩。

"今人之性，生而有好利焉，顺是，故争夺生而辞让亡焉。生而有疾恶焉，顺是，故残贼生而忠信亡焉。生而有耳目之欲、有好声色焉，顺是，故淫乱生而礼义文理亡焉。然则从人之性、顺人之情，必出于争夺，合于犯分乱理而归于暴。"

荀子认为，利益是人性中最为根本的欲望和需求。好利不是性善的表现，而之所以会出现圣人和小人的区别，是因为礼乐教化的实施。正所谓"人之生也固小人……可以为尧禹，可以为桀跖，可以为工匠，可以为农贾，在执注错习俗之所积耳"。如果离开礼乐的教化，并且不加以规范和引导，任由人性自由发展，最终将礼崩乐坏。

作为法家代表的韩非子的个人际遇似乎最能说明人的"性恶"。

韩非子出身战国时期韩国王室，面对韩国的贫弱，他多次上书韩王，希望改变当时治国不务法制、养非所用、用非所养的情况，但其主张始终得不到采纳。韩非子在国内没有得到赏识，却引起了秦王嬴政的关注。秦王以派兵攻打韩国相威胁，迫使韩王让韩非子到秦国。

到秦国之初，韩非子很受秦王的重视和重用。这让李斯感到不安。于是，李斯在秦王面前进言说，韩非子毕竟是韩国宗室，不可重用。三人成虎，秦王渐渐疏远了韩非子。韩非子最终身陷囹圄。当韩非子上书为自己争辩的时候，李斯又逼其自杀。

韩非子与李斯虽是同门师兄弟，但是李斯为了自己的利益，为了达到自己的目的，宁可置韩非子于死地。

《韩非子·外储说左上》说："人为婴儿也，父母养之简，子长而怨。子盛壮成人，其供养薄，父母怒而诮之。子、父，至亲也，而或谯或怨者，皆挟相为而不周于为己也。"大致意思是，父母养育孩子，却没有让孩子过上好的生活，孩子长大了就会怨恨父母；而孩子长大成人后，赡养父母不周到，父母也会责备孩子。父母子女本来应该是骨肉至亲，却相互埋怨，每个人都说自己做的都是有利于对方的事情，而不是为了自己。

《韩非子·备内》也说："医善吮人之伤，含人之血，非骨肉之亲也，利所加也。故舆人成舆，则欲人之富贵；匠人成棺，则欲人之夭死也。非舆人仁而匠人贼也，人不贵则舆不售，人不死则棺不买。情非憎人也，利在人之死也。"大致意思是医生替人治病疗伤不是因为是骨肉至亲，而是因为利益所

在。造车工人希望别人富贵，卖棺材的人希望别人死，不是因为造车工人心地善良，或者卖棺材的人狠毒阴险，不过都是为了各自的利益罢了。别人富贵了，才有钱来买车；有人死了，才会用到棺材。这就不是善恶的问题，而是利

益相关的问题罢了。

由此可见,从教育的角度来说,法家的思想十分务实。它认为趋利避害是人的天性,不需要美化,也不需要丑化,这只是人性罢了。

法家的很多理论都很实际,"仓廪实而知礼节,衣食足而知荣辱",人只有吃饱穿暖了,才有时间和想法来提升自己的素质,即物质生活得到了满足,才能开始思考精神世界的富足。经济基础决定上层建筑,这一点很有道理。

图书在版编目（CIP）数据

像哲学家一样思考 /《让孩子看懂世界》编写组编著. — 北京：石油工业出版社，2022.9
（让孩子看懂世界的哲学书）
ISBN 978-7-5183-5370-5

Ⅰ.①像… Ⅱ.①让… Ⅲ.①哲学—青少年读物 Ⅳ.①B-49

中国版本图书馆CIP数据核字（2022）第082153号

像哲学家一样思考

《让孩子看懂世界》编写组　编著

出版发行：石油工业出版社
　　　　　（北京市朝阳区安华里2区1号楼　100011）
网　　址：www.petropub.com
编 辑 部：（010）64523616　64523609
图书营销中心：（010）64523731　64523633
经　　销：全国新华书店
印　　刷：三河市嘉科万达彩色印刷有限公司

2022年9月第1版　2022年9月第1次印刷
787毫米×1092毫米　开本：1/16　印张：3.5
字数：60千字

定价：26.80元
（如发现印装质量问题，我社图书营销中心负责调换）
版权所有，翻印必究